생물이

| 정브르

134만 구독자를 보유한 생물 크리에이터. 곤충과 파충류부터 바다생물까지 다양한 생물을 소개하는 참신한 콘텐츠를 선보이며 생물 전문 크리에이터로 큰 사랑을 받고 있답니다. 유튜브 채널에서 동물 사육, 채집, 과학 실험 등의 재미있고 유익한 영상을 소개하고 있으며, 도서와 영화를 통해 고유의 콘텐츠와 더불어 동물을 사랑하는 마음까지 대중에게 알리고 있어요.

1판 1쇄 발행 2023년 12월 29일
1판 5쇄 발행 2025년 2월 10일

발행인 | 심정섭
편집인 | 안예남
편집장 | 최영미
편집자 | 김은솔
브랜드마케팅 담당 | 김지선
출판마케팅 담당 | 홍성현, 김호현
제작 | 정수호

발행처 | (주)서울문화사
등록일 | 1988년 2월 16일
등록번호 | 제 2-484
주소 | 서울특별시 용산구 새창로 221-19
전화 편집 | 02-799-9375 **출판마케팅** | 02-791-0708
본문 구성 | 덕윤웨이브 **디자인** | 권규빈

ISBN 979-11-6923-860-1
　　　979-11-6438-488-4 (세트)

ⓒ정브르. ⓒSANDBOX NETWORK Inc. ALL RIGHTS RESERVED.

차례

탐구 브르의 반려동물 탐구 노트-① • 4

1화. 천재 까치 까봉이를 만나다! • 6
갓 태어난 원앙을 데려온 브르 • 13
죽기 직전에 구조된 참새 • 18
꼬끼오~ 다양한 반려 닭 • 24

놀이 브르의 숨은 그림 찾기 • 30

2화. 엄청난 체력의 늑대개를 만나다! • 32
새끼 여우들이 탄생하다! • 38

3화. 브르, 유기 동물을 만나다! • 46
무시무시한 하이에나를 키우다? • 53

4화. 귀여운 새끼 다람쥐 구출되다! • 60
초대왕 쥐를 만나다! • 66
천연기념물 하늘다람쥐 • 71

탐구 브르의 반려동물 탐구 노트-② • 78

5화. 볼이 빵빵한 드워프토끼 • 80
페럿 가족을 만난 브르 • 86
날카로운 가시를 가진 고슴도치가 태어나면? • 92

6화. 아르마딜로갑옷도마뱀을 만나다! • 98
단단한 등껍질을 가진 야행성 아르마딜로 • 103
사람을 좋아하는 일본원숭이? • 109

7화. 안녕하세요? 이웃집수달입니다! • 116
다양한 종류의 새끼 거북 • 124
씨몽키 알을 물에 넣었더니? • 129
우파루파의 신비한 능력 • 134
놀이 브르의 미로 찾기 • 140

정답 • 142

브르의 반려동물 탐구 노트-①

소중한 가족, 반려동물

반려동물은 인간과 함께 살아가는 동물이에요. 과거에는 애완동물이라고 표현했지만, 오늘날에는 동물이 소유물이 아닌 또 하나의 가족이자 반려자라는 의미에서 반려동물이라고 표현하고 있어요.

지금도 많은 사람이 반려동물과 함께 살아가며 행복을 나누고, 위로를 받고 있어요. 또, 반려동물의 종류는 더 다양해지고 있지요. 하지만 늑대거북, 수달, 토종 하늘다람쥐 등 가정에서 키울 수 없거나 따로 허가가 필요한 경우도 있어요.

반려동물 등록제

반려동물 등록제란 반려동물과 소유자에 대한 정보를 행정기관에 등록하는 제도예요. 반려동물의 정보를 등록해 두면 소중한 반려동물을 잃어버렸을 때 빠르게 찾을 수 있고, 반려동물을 쉽게 유기하는 일을 막을 수 있지요.

몸속에 칩을 삽입하거나 외출할 때마다 목줄에 칩을 달고 다니는 방식으로 정보를 등록할 수 있어요.

*자료제공: 비마이펫

반려동물 예절, 펫티켓!

펫티켓이란, 반려동물을 뜻하는 '펫(pet)'과 예절을 뜻하는 '에티켓(etiquette)'이 합쳐진 단어로, 반려동물과 외출할 때 공공장소에서 지켜야 하는 반려동물 예절을 의미해요.

펫티켓으로는 외출할 때 목줄 사용하기, 배변 봉투 챙기기, 반려동물 등록하기, 맹견의 경우 입마개 착용하기 등이 있어요.

세계의 반려동물 보호법

다양한 나라에서 동물 보호법을 지정하여 반려동물을 보호하고 있어요. 대표적으로 독일은 개·고양이를 펫샵에서 판매하는 걸 금지하고 있어서 유기동물의 입양이 활발해요.

또 호주는 4마리 이상의 반려동물을 키울 때 따로 허가를 받아야 해요. 이런 법은 모두 반려동물을 키울 때 책임을 다하게 하고 동물을 보호하기 위해 제정되었어요.

1화 천재 까치 까봉이를 만나다!

"안녕, 브린이들! 오늘은 천재 까치, 까봉이를 만나러 왔어요!"

"브르 안녕?"

까봉이

브린이를 위한 상식

유튜브 채널 '미루지마'에 나오는 까치예요. '미루지마' 채널과 천재 까치 까봉이가 만나 일상과 성장 과정을 보여 줘요. SBS 〈TV 동물농장〉에도 소개되어 큰 감동을 주었어요. 까치는 아시아, 북아프리카 등 다양한 지역에서 서식하고 있으며, 우리나라에서도 흔히 볼 수 있어요. 우리나라에서 까치는 예로부터 행운과 좋은 소식을 전해 주는 새로 여겨져 왔지요.

"늦은 밤 분리수거장 근처에서 다리가 다친 채 웅크려 있던 걸 발견했어요."

"너무 아팠어!"

심각해 보였던 까봉이의 부상

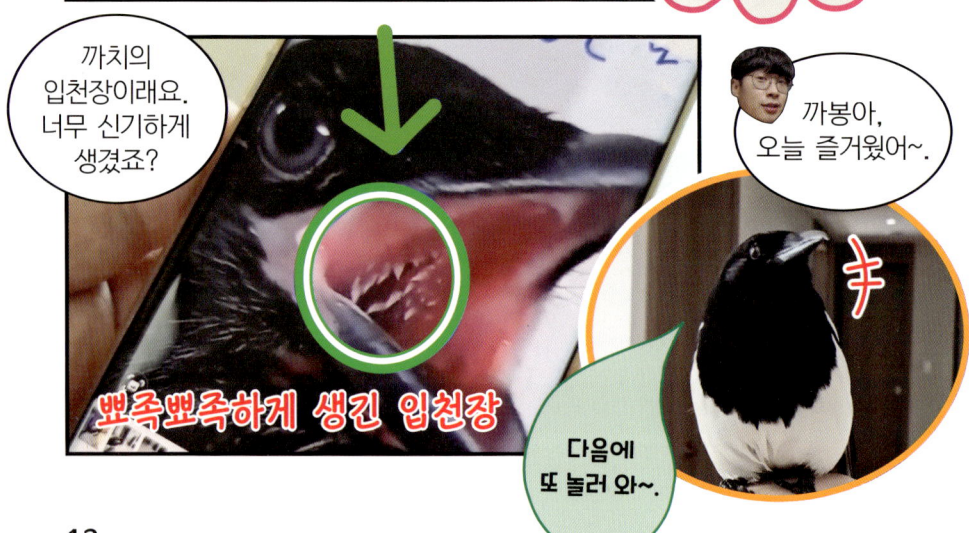

천연기념물인 원앙을 합법적으로 입양하려고 원앙 농장에 왔어요!

갓 태어난 원앙을 데려온 브르

귀여운 새끼 원앙을 데려갈 거예요.

잘 부탁해요!

*성체 원앙이에요. 오리를 닮았죠?

암컷에 비해 수컷의 색깔이 더 화려해요.

암컷

수컷

휴대 전화의 밝은 빛으로 비춰 봤을 때,

아무것도 안 비치면 부화가 되지 않는 무정란이에요.

유정란과 무정란을 구분해 볼까?

*성체: 다 자라 생식 능력이 있는 동물.

유정란은 핏줄이 보여요.

이렇게 휴대 전화의 빛으로 확인할 수 있다는 게 신기하죠?

새끼 원앙이 지낼 집을 만들어 줄게요.

먼저 준비해 둔 열전구 *소켓을 달아 줍니다.

열전구 소켓

편한 매트도 바닥에 깔아 주고 사료통을 놓아 줄게요.

열전구를 설치해 둔 소켓에 조립해 줍니다.

열전구

*소켓: 전구 따위를 끼워 넣어 전선과 연결하게 하는 기구.

짜잔

임시 사육장 완성~.

와! 여기가 내 집이야?

이름은 앙이로 지어 줬어요.

브린이를 위한 상식
번식기의 수컷 원앙은 녹색, 적갈색 등 화려한 깃털을 가지고 있지만, 암컷 원앙은 전체적으로 어두운 회색 깃털을 가지고 있어요. 번식기가 지나면 수컷의 화려한 깃털은 전부 빠져서, 암수가 비슷한 모습이 돼요.

아늑하다~.

앙이 코는 불그스름한 색에 분홍빛이 도네요.

다음 날

여긴 어디지?

앙이가 밖에 나와 있어요.

집을 조금 작게 만들었더니 점프해서 탈출한 것 같아요.

15

브린이를 위한 상식
원앙의 몸길이는 약 45cm이고 한국, 일본 등에 서식하는 겨울 철새예요. 대한민국 천연기념물 제327호로 지정되어 있어서 원앙을 키우려면 허가를 받아야 하지요.

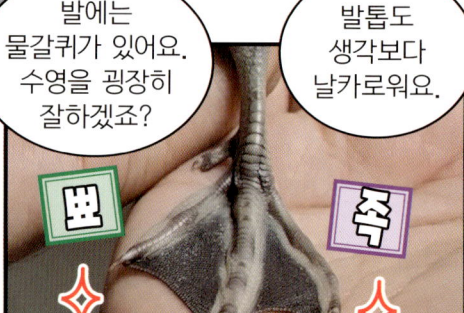

브린이를 위한 상식
오리의 발에는 발가락 사이를 이어 주는 물갈퀴가 있어서, 수영할 때 더 유리해요. 수영할 때 착용하는 신발도 이 물갈퀴를 닮았다고 하여 오리발이라고 부르기도 해요.

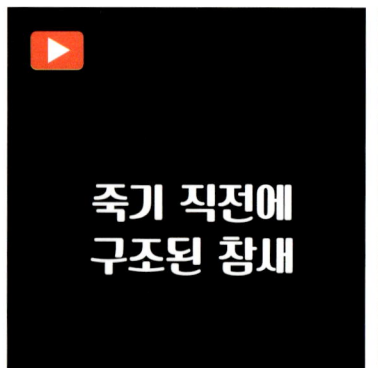

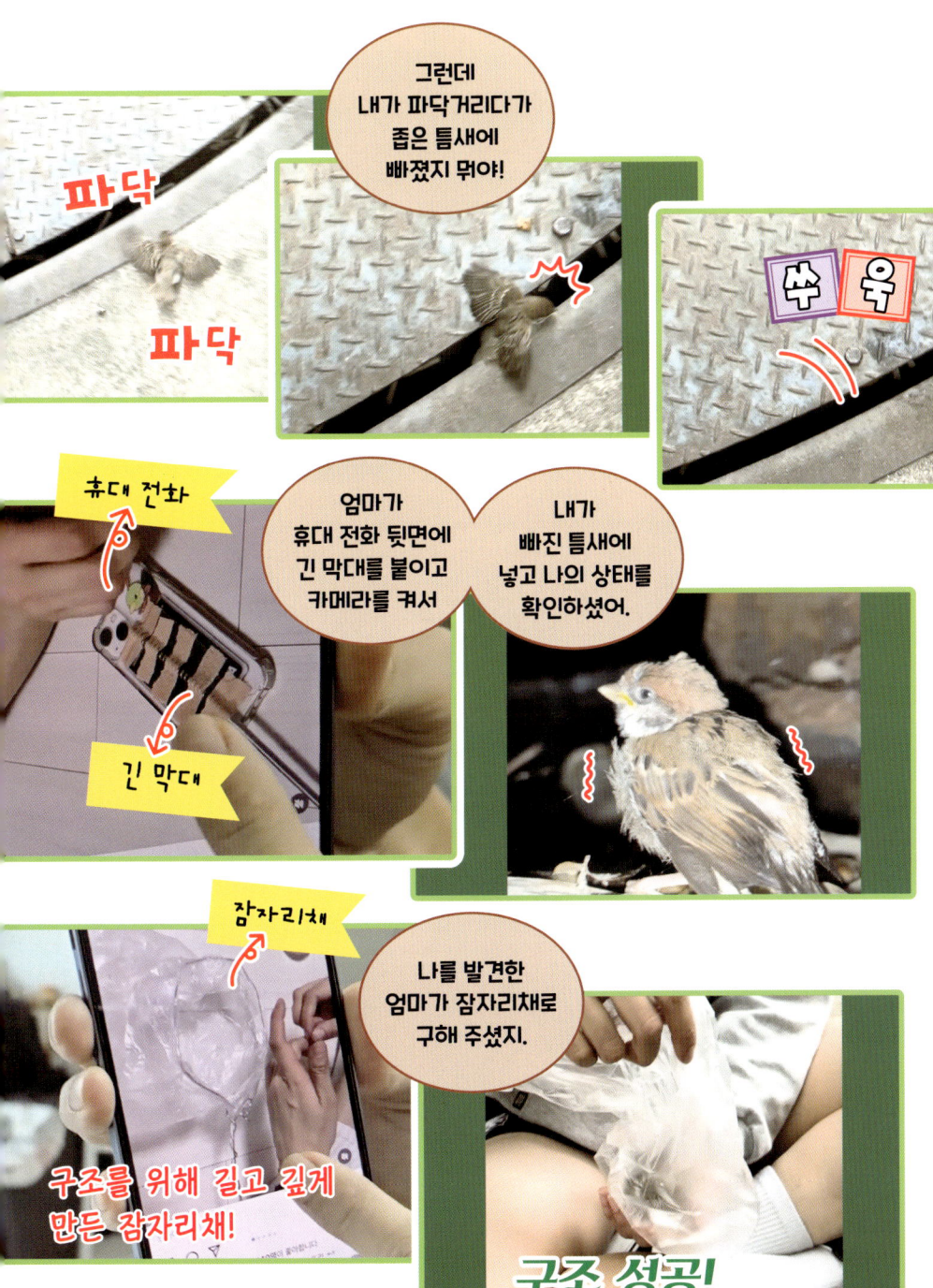

브린이를 위한 상식

호버링은 제자리에 정지해서 비행하는 행위를 의미해요. 참새, 잠자리 등 다양한 동물이 호버링을 할 수 있고, 헬리콥터, 드론과 같은 비행 물체도 호버링 기술을 가지고 있어요.

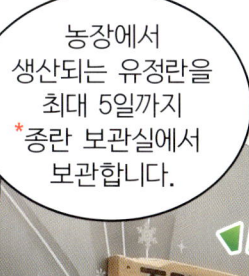

정브르의 생물 탐구

주로 깃털이 나 있고, 날개를 가지고 있으며 알을 낳는 동물을 통틀어 새라고 불러요. 남극권에 많이 사는 펭귄처럼 날개가 있지만 날지 못하는 새도 있지요.

★정브르의 생물 탐구★

생물 이름: 거위

거위는 기러기와 같은 새예요. 다만, 거위는 기러기를 잡아다가 가축화했기 때문에 날 필요가 없어져서 기러기와 달리 잘 날지 못해요. 하지만 아예 날지 못하는 것은 아니에요.

★정브르의 생물 탐구★

생물 이름: 청둥오리

청둥오리는 잡식성으로 곤충, 새우, 게 등을 먹어요. 우리나라의 대표적인 겨울 철새로, 가을에서 겨울로 넘어가는 10월쯤부터 볼 수 있어요. 주로 하천, 강 주변의 습지에서 서식해요.

2화
엄청난 체력의 늑대개를 만나다!

오늘은 늑대개를 만나러 왔어요!

경기도 파주인데, 강아지들을 마음껏 풀어 놓을 수 있는 공간입니다.

엄청난 크기의 늑대개!

자연 다큐멘터리에서 보던 늑대랑 흡사해요.

이름은 이든이고, 수컷이라고 해요.

브르 삼촌, 안녕?

브린이를 위한 상식
늑대개는 늑대와 개 사이에서 태어난 종을 말해요.
생물학적으로 늑대와 개는 거의 같은 종이에요.
부모가 되는 개의 종류에 따라 개체별로 성격이 다르지요.

*하울링: 집단생활을 하는 늑대가 서로 의사소통을 하기 위해 내는 소리.

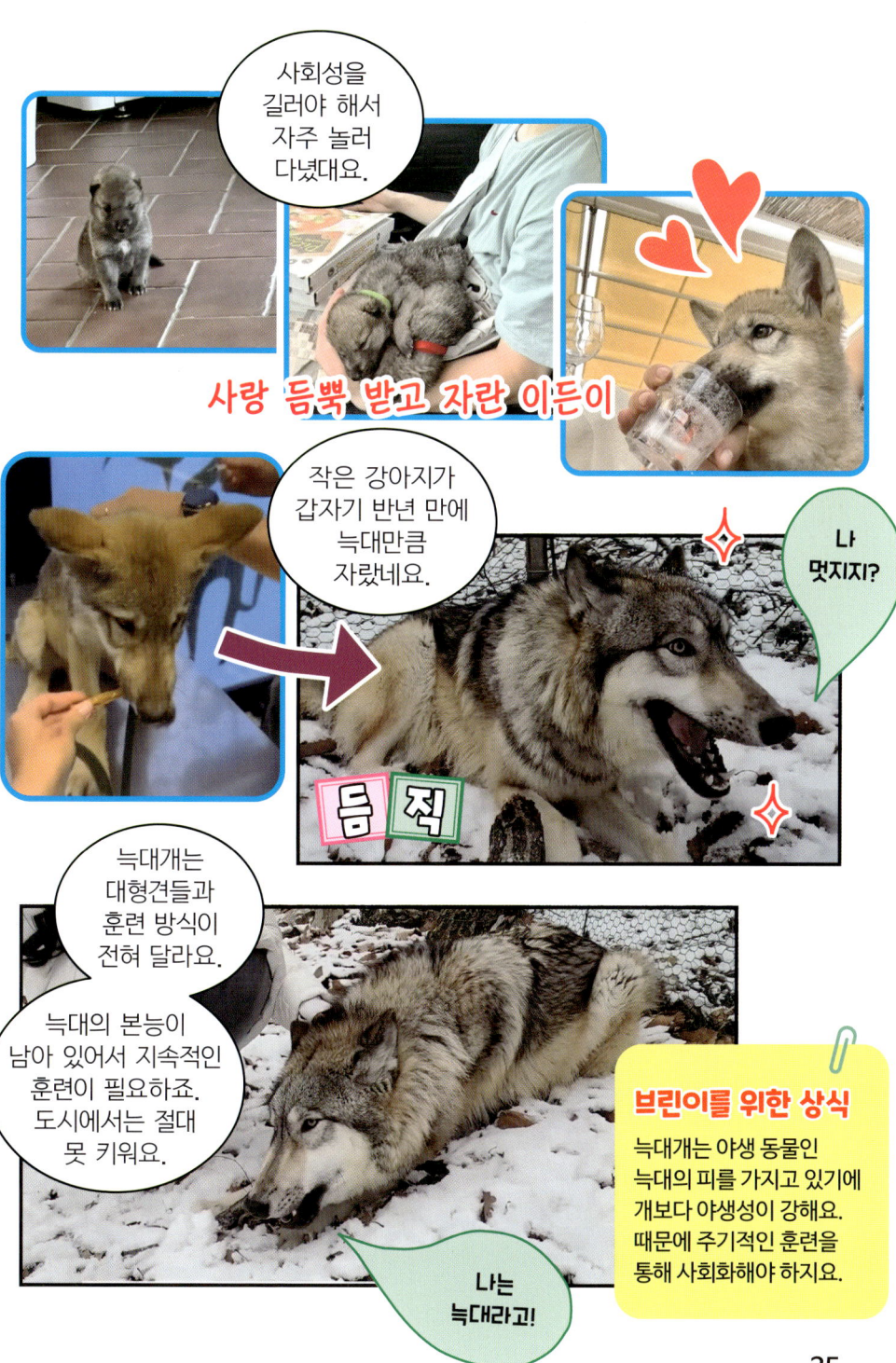

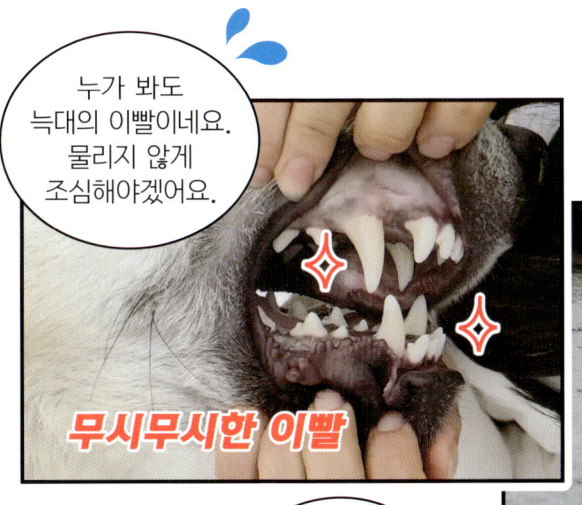

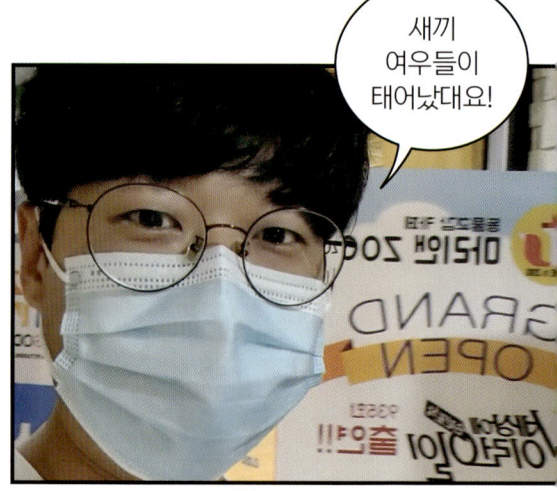

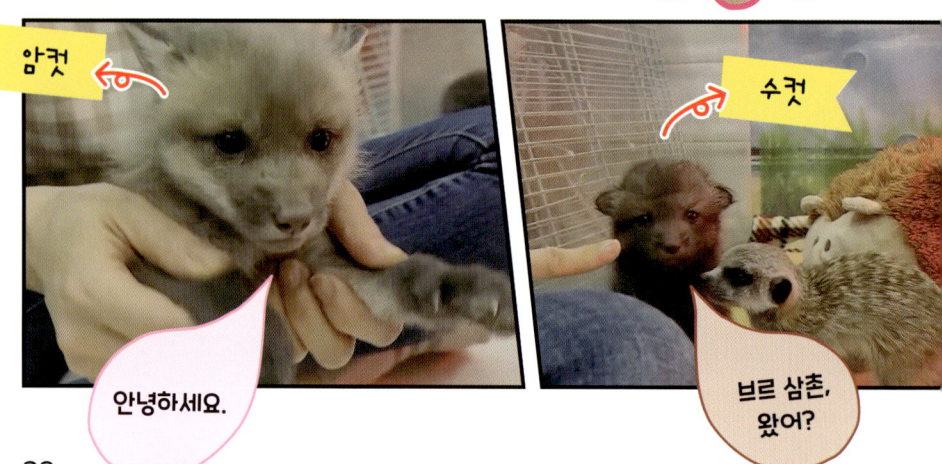

새끼 여우, 정말 귀엽죠?

반가워요!

브린이를 위한 상식

여우는 지역, 환경별로 생김새가 다양해요. 우리나라에 서식하는 붉은여우 외에도 북극여우, 사막여우 등 여러 종이 있지요. 우리나라의 붉은여우는 현재 무분별한 포획으로 인해 멸종위기종으로 지정되어 있어요.

맘마 주세요!

건강하게 잘 자라다오~.

나랑 놀자!

숨바꼭질 할까?

응!

정브르의 생물 탐구

개는 먼 옛날부터 사람과 가장 친근한 동물이에요. 우리에게 익숙한 개 외에도 여우, 늑대, 너구리 등의 동물이 갯과에 포함되어 있어요.

영상으로 확인해 봐요!

★정브르의 생물 탐구★

생물 이름: 개

후각과 청각이 뛰어난 개는 고양이와 더불어 가장 인기 있는 반려동물로, 전 세계적으로 약 400종이 있어요. 우리나라의 토종견으로는 진돗개, 풍산개, 삽살개, 동경이 이렇게 총 4종이 있지요.

★우리 주변의 멋진 직업견★

개는 높은 지능, 예민한 감각, 빠른 속도를 가지고 있어서, 예로부터 방목장의 양을 몰거나 집 안의 쥐를 잡기 위해서 기르기도 했어요.

오늘날에는 시각 장애인의 길을 안내하는 안내견, 폭탄이나 마약을 감지하는 군견/경찰견, 사고 현장에서 피해자를 찾아내는 구조견 등 다양한 방면에서 활동하며 사람에게 큰 도움을 주고 있지요.

안내견

군견

브린이를 위한 상식

돌보지 않거나 내다 버리는 행위를 유기라고 해요. 귀찮다, 귀엽지 않다 등 다양한 이유로 유기되는 동물이 매년 증가하고 있어요. 동물 유기는 불법이며, 동물에게 큰 상처를 주기 때문에 키우기 전에 끝까지 책임질 수 있을지 고민하는 과정이 필요해요.

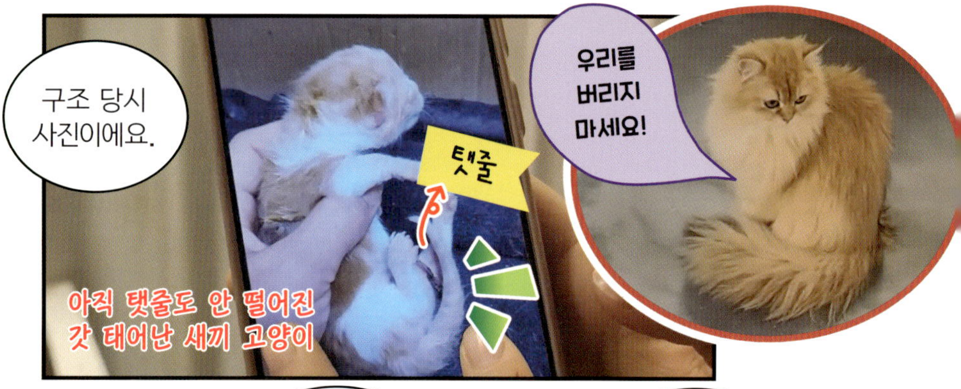

브린이를 위한 상식

하이에나는 앞발이 뒷발보다 더 길고 모성애가 강해요. 종류로는 점박이하이에나, 줄무늬하이에나, 갈색하이에나 등이 있어요. 주로 가족끼리 모여 무리 생활을 하며, 종에 따라 암컷만 남고 수컷은 무리를 떠나는 경우도 있어요.

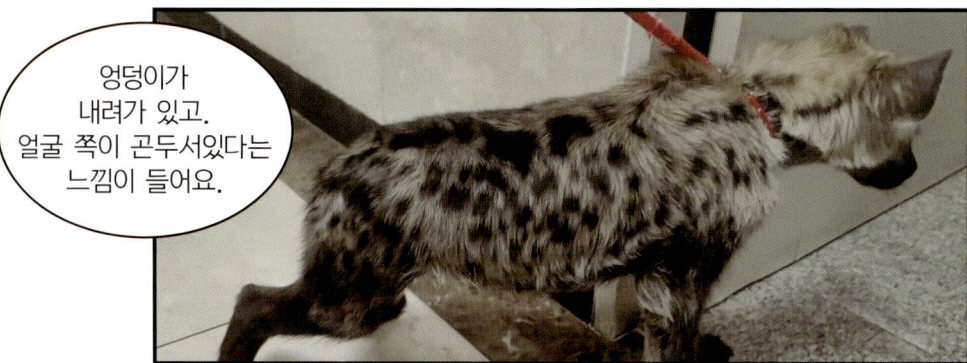

엉덩이가 내려가 있고. 얼굴 쪽이 곤두서있다는 느낌이 들어요.

쿵쿵

부비 부비

냄새를 맡고 몸을 비비는데,

낯선 곳을 갔을 때 이런 행동을 한다고 해요.

브르 삼촌 냄새!

몸을 비비면서 냄새를 묻히고,

그 환경을 기억하려는 거예요.

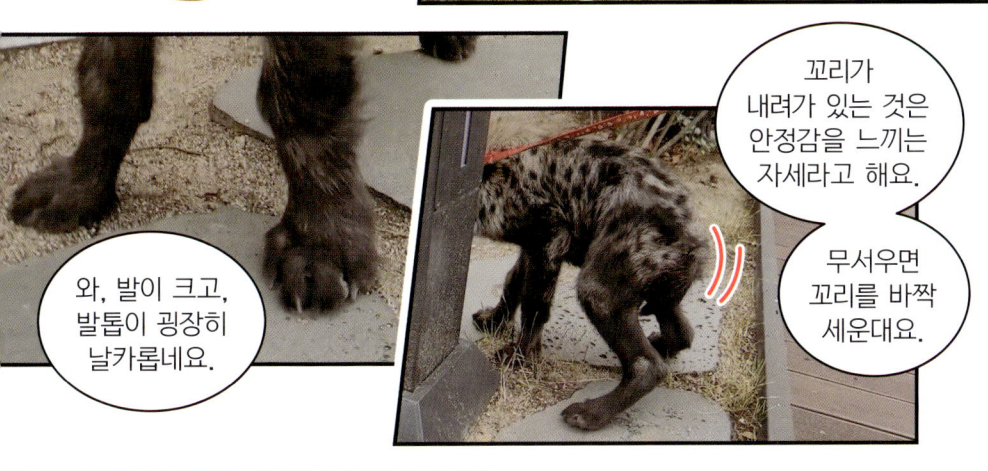

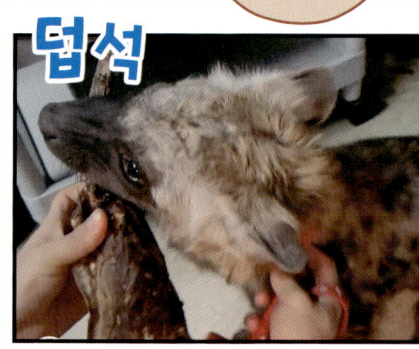

정브르의 생물 탐구

고양이와 하이에나는 같은 고양이아목에 속해 있는 포유류예요. 고양이아목에는 사자, 호랑이, 몽구스, 미어캣 등의 동물이 속해 있어요.

★정브르의 생물 탐구★

생물 이름: 미어캣

미어캣은 몸과 꼬리가 가늘고 길며 눈에는 검은색의 테두리가 있어요. 주로 남아메리카의 건조한 지역에서 살아요. 천적으로부터 자신을 보호하기 위해 두 발로 서서 주위를 살피는 특이한 습성이 있어요.

영상으로 확인해 봐요!

★정브르의 생물 탐구★

생물 이름: 삵

삵은 쥐, 닭, 오리 등을 잡아먹고 사는 우리나라의 토종 동물로, 멸종위기종으로 지정되어 보호받고 있어요. 고양이와 비슷하게 생겼지만 다른 종이며, 고양이보다 큰 몸집과 두꺼운 꼬리를 가지고 있지요.

영상으로 확인해 봐요!

4화
귀여운 새끼 다람쥐 구출되다!

"경기도 용인시 기흥에 있는 아쿠아가든에 왔어요."

"구조된 다람쥐 친구가 있대요!"

짜안

"이 친구 이름은 꿈이래요."

"사람 손을 많이 탔나 보네요."

사람을 좋아하는 꿈이

"새끼라 아직 성별은 몰라요."

궁금하지?

구조자가 뒷산에서 다람쥐를 공격하는 벌을 쫓아내 줬대요.

움직이지 못하고 떨기만 하던 꿈이

눈에 상처가 있어서 약을 발라 주고

설탕물을 먹여서 돌봐 줬다고 해요.

꿀꺽
꿀꺽

정성껏 보살펴 줘서 다행히도 빠르게 회복되었대요.

살려 줘서 고마워요!

브린이를 위한 상식
다람쥐는 주로 나무나 땅속에 굴을 파서 생활하는 설치류예요. 굴속에 먹이 저장 창고를 만들어 두고, 겨울이 되면 안전한 보금자리에서 겨울잠을 자요.

나 조금 졸려!

쏘옥

지푸라기 속으로 들어갔어요.

브린이를 위한 상식
다람쥐는 나무를 오르거나 점프하는 등 움직일 때 꼬리를 사용해서 균형을 유지해요.
또한, 추운 겨울에는 꼬리로 몸을 감싸서 체온을 조절하기도 하고,
꼬리를 흔들거나 부풀려서 기분을 나타내기도 하지요.

쓰다듬어 줘!

쓰담

쓰담

집에서 다람쥐를 키울 때는 10~13년 정도 사는데,

자연에서는 2~3년 정도 살아요.

번식할 때는 새끼를 여러 마리 낳아요.

새끼 때는 단체 생활을 하다가 어느 정도 성장을 하면 독립한다고 합니다.

큰사탕수수쥐는 호저아목에 속해서 털이 뻣뻣하대요.

자연에서는 이 뻣뻣한 털이 자외선을 차단하고, 기생충에 의한 감염을 예방하기도 해요.

이 친구는 수컷이래요.

나는 남자야!

발톱도 엄청나게 커요!

브린이를 위한 상식

큰사탕수수쥐는 우리에게 익숙한 쥐와 달리 약 60cm까지 성장하는 거대한 설치류예요. 같은 과에 속하지만, 몸집이 조금 더 작아 약 38cm까지 성장하는 작은사탕수수쥐도 있어요.

강가 주변에 서식해서 수영도 굉장히 잘해요.

겁을 먹으면 꿀꿀 소리를 내면서 물속으로 재빠르게 도망간대요.

나는 수영도 잘하쥐~.

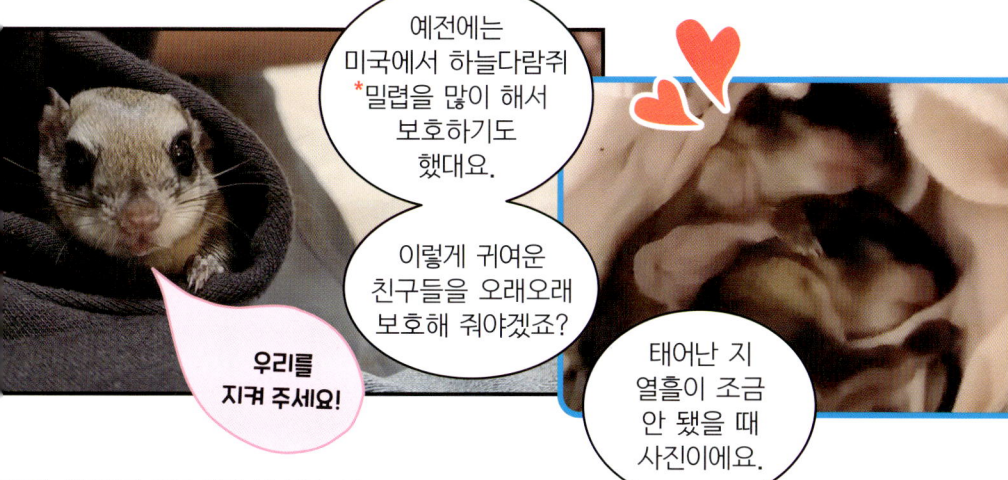

쓰담 쓰담

새끼 때부터 길렀더니 주인을 알아보는 것 같네요.

나 똑똑해!

가정에서 관리를 잘해주면 자연에서 사는 것보다 더 오래 살 수 있다고 해요.

그래서 사육하기 전에 오래 생각해 보고 관리를 잘해주실 수 있는 분들이 키우셨으면 좋겠습니다.

예전에는 미국에서 하늘다람쥐 *밀렵을 많이 해서 보호하기도 했대요.

이렇게 귀여운 친구들을 오래오래 보호해 줘야겠죠?

우리를 지켜 주세요!

태어난 지 열흘이 조금 안 됐을 때 사진이에요.

*밀렵: 허가받지 않고 몰래 사냥하는 것.

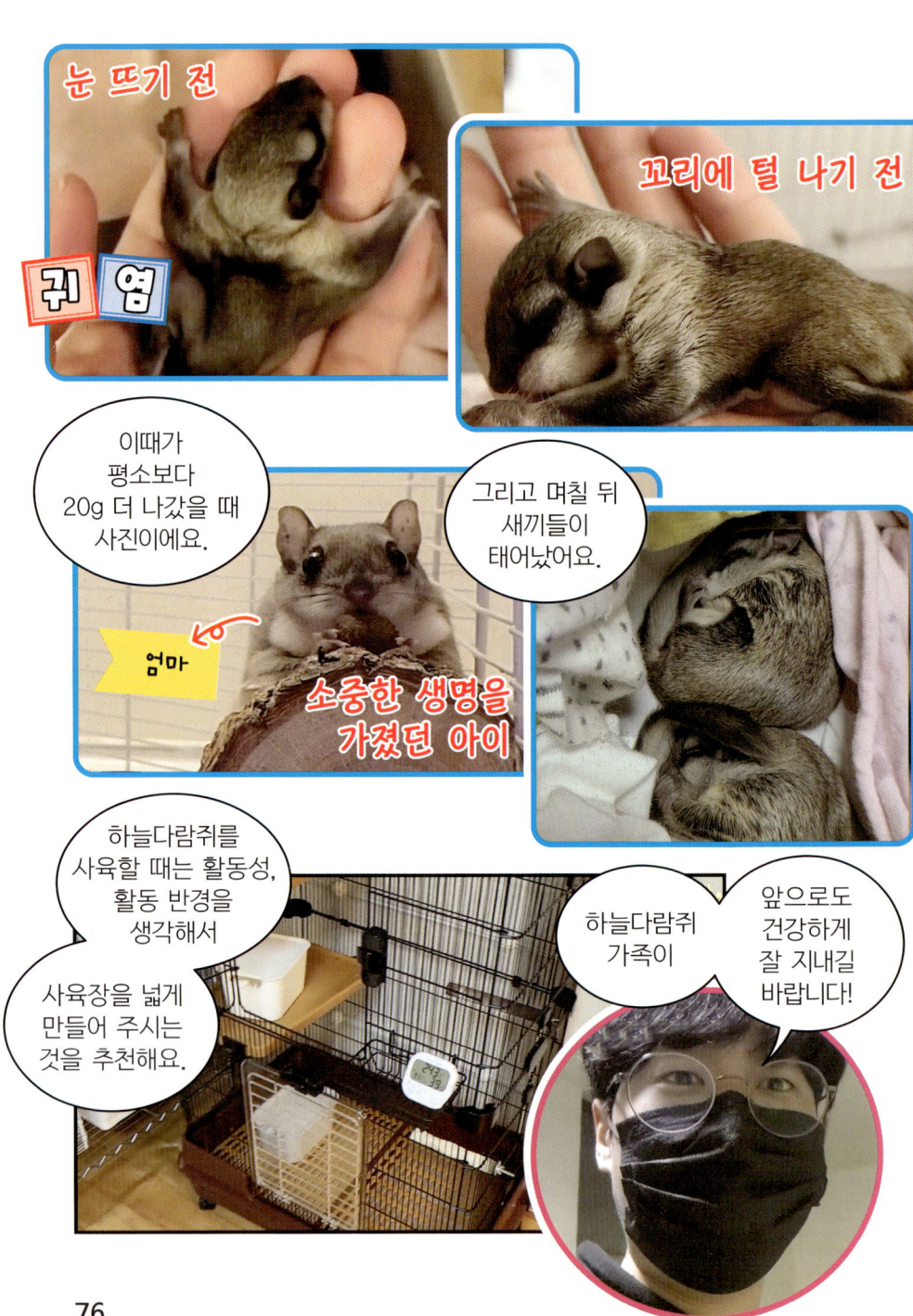

정브르의 생물 탐구

쥐류라고도 불리는 설치류는 앞니가 길게 자란다는 특징이 있어요.
긴 이빨을 이용해 물건을 갉아 먹어 피해를 주기도 하지요.

★정브르의 생물 탐구★

생물 이름: 겨울잠쥐

겨울잠쥐는 겨울잠을 자는 기간이 길어서 겨울잠쥐라는 이름이 붙었어요. 야행성이며 낮에는 나무의 빈 곳이나 통나무 밑에서 낮잠을 자요. 수명은 약 3~5년 이에요. 주로 단독 생활을 하며 나무 위에 둥지를 짓고 살아가지요.

★정브르의 생물 탐구★

생물 이름: 뉴트리아

뉴트리아는 우리나라의 생태계 교란 종으로, 환경을 파괴하고 농업에 피해를 주는 등 사람과 자연에 피해를 끼치고 있어요. 오늘날에는 적극적인 퇴치 덕분에 점차 개체 수가 줄어들고 있지요.

브르의 반려동물 탐구 노트-②

별별 반려동물

달팽이는 이끼, 곰팡이 등을 먹고 사는 연체동물이에요. 주로 등 뒤에 단단한 패각을 가지고 다니며, 패각이 없는 종인 민달팽이도 있어요.

생물 이름: 달팽이

생물 이름: 물고기

색깔이 아름다운 열대어, 바다에 서식하는 해수어 등 다양한 종류의 물고기를 관상어로 키워요. 대표적인 관상어로는 구피, 흰동가리 등이 있어요.

악어는 몸 전체가 단단한 비늘판으로 덮여 있는 파충류예요. 강력한 이빨과 턱 힘으로 어류, 파충류, 포유류 등 다양한 먹이를 잡아먹어요.

생물 이름: 악어

생물 이름: 라쿤

라쿤은 눈 주위와 꼬리의 고리 무늬가 매력적인 동물이에요. 먹이를 물에 넣어 문지른 뒤 먹는 특이한 습성을 가지고 있어요.

기니피그는 햄스터와 닮은 설치류로, 햄스터보다 몸집이 더 크고 길어요. 반려동물로 키울 때는 주로 사료, 건초 등을 먹이로 주면 좋아요.

생물 이름: 기니피그

생물 이름: 앵무새

화려한 색의 깃털을 가진 앵무새는 주로 과일, 곤충 등을 먹는 잡식성 새예요. 앵무새 중에는 사람의 말을 그대로 따라 할 수 있는 능력을 갖추고 있는 종도 있어요.

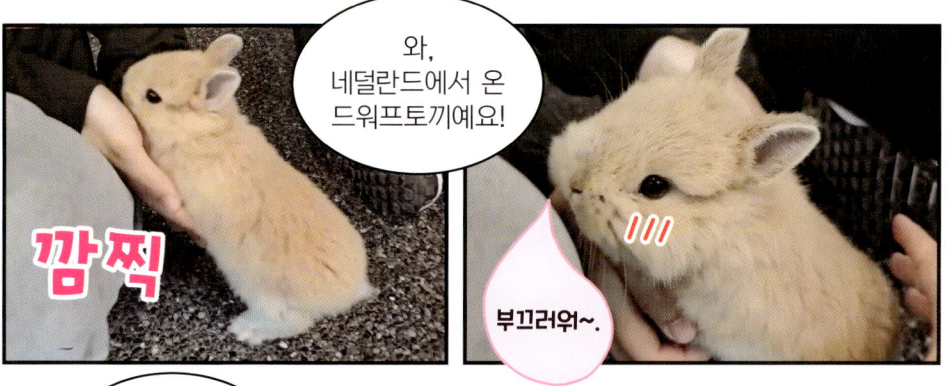

브린이를 위한 상식

'드워프'는 난쟁이라는 의미를 가진 단어로, 난쟁이 토끼인 드워프토끼는 다른 토끼들에 비해 작은 몸집을 가지고 있어요. 성장한 뒤에도 새끼 때와 몸 크기가 비슷하지요.

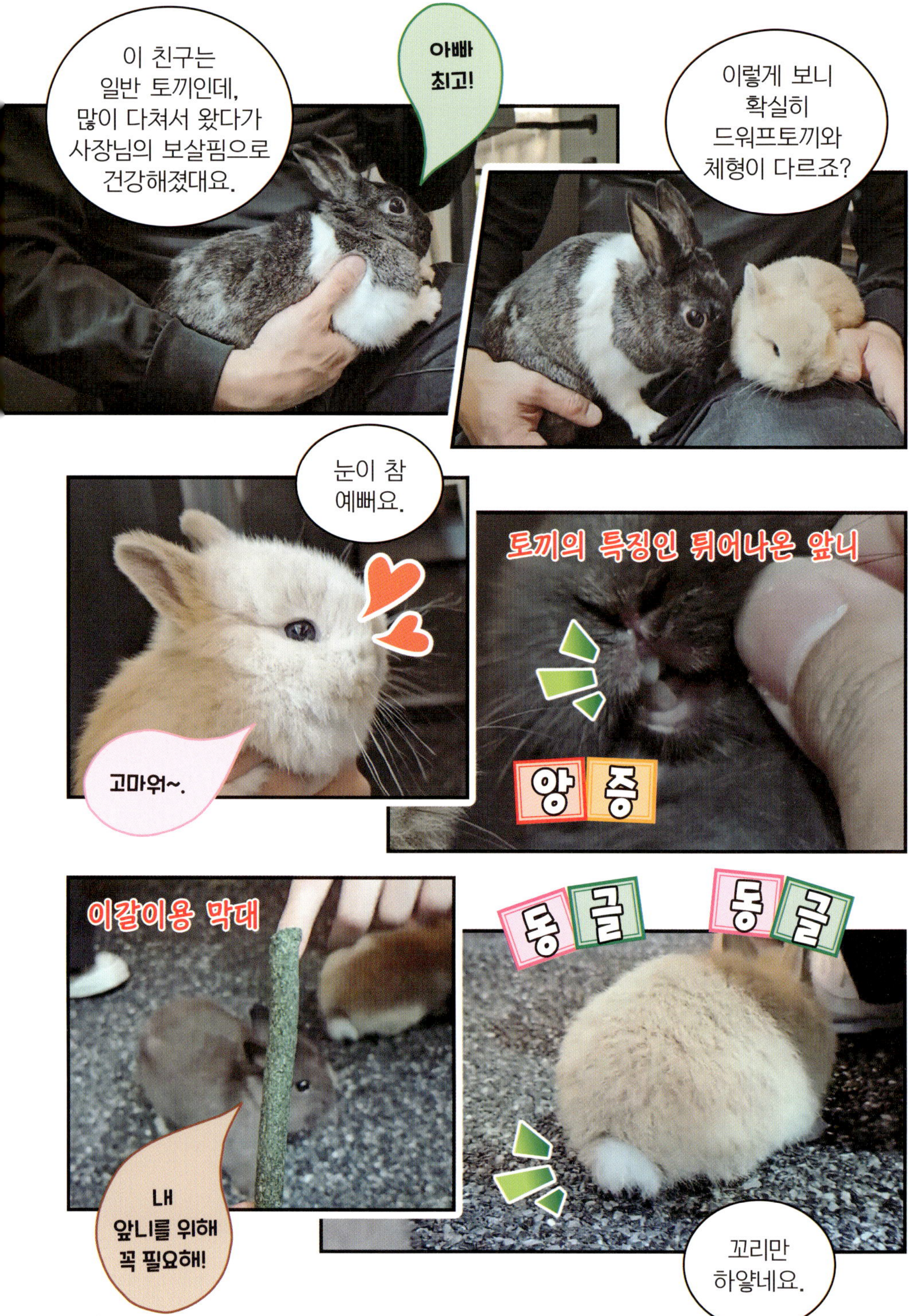

브린이를 위한 상식
동물들이 혀, 손발 등을 이용하여 털을 다듬고 몸을 깨끗하게 하는 행위를 '그루밍'이라고 해요. 토끼, 고양이 등의 동물이 그루밍하면서 스스로 위생 관리를 하지요.

> 국내 최초로 페럿이 번식 됐다고 해서, 보러 왔어요.

브린이를 위한 상식
페럿은 족제빗과의 동물로, 긴 몸과 꼬리를 가지고 있어요. 사람에 의해 길들여져 가축화된 동물이기 때문에 야생성이 거의 없어 야생에서 생존할 확률이 매우 낮아요.

> 안녕?

아빠

> 우리 아기들 볼래?

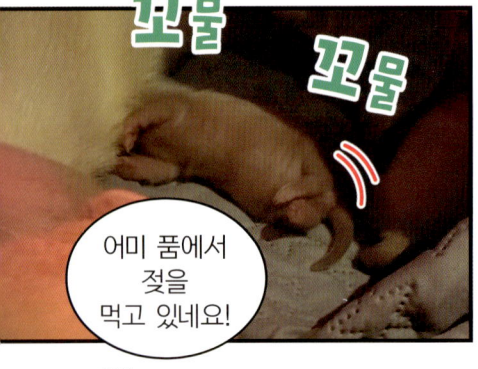

꼬물 꼬물

> 어미 품에서 젖을 먹고 있네요!

쿠울

> 태어난 지 3주 됐고, 아직 눈도 못 떴어요.

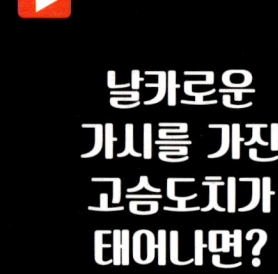
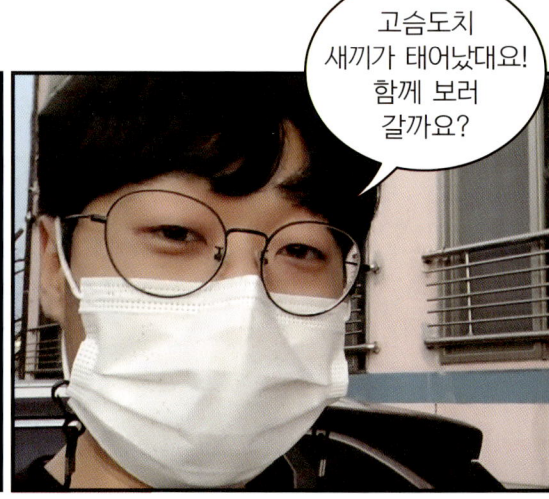

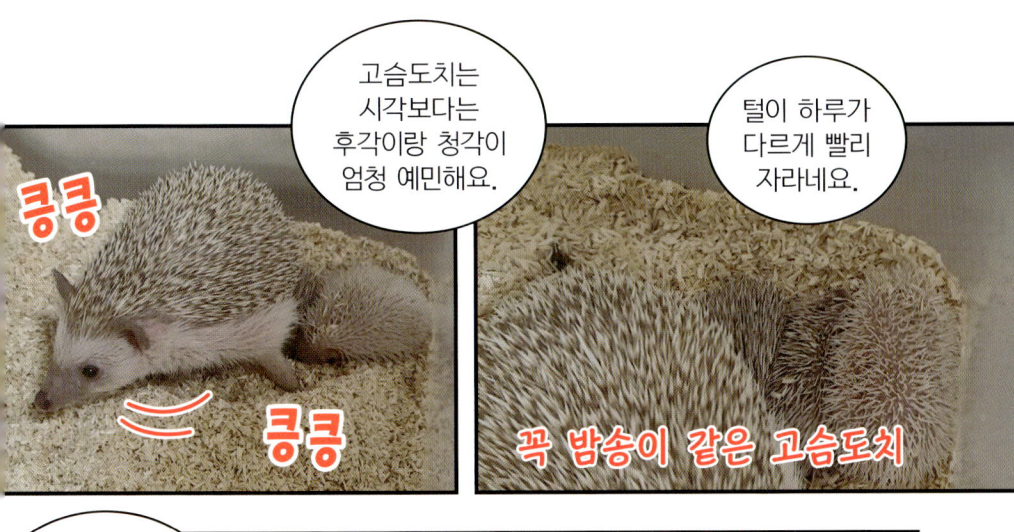

브린이를 위한 상식

우리나라에도 토종 고슴도치가 살고 있지만, 주로 반려동물로 키우는 고슴도치는 아프리카에 서식하는 다른 종이에요. 토종 고슴도치는 반려 고슴도치에 비해 크기가 큰 편이고 추위에 강하지요.

정브르의 생물 탐구

동물 중에는 환경 변화에 예민한 동물도 있고 특유의 냄새가 나는 동물도 있어요. 집에서 반려동물을 키우기 전에 동물에 대해서 미리 조사하고 준비하는 과정이 꼭 필요해요.

★정브르의 생물 탐구★

생물 이름 : 롭이어

롭이어는 영국에서 애완용으로 개량한 토끼로, 다른 토끼와 달리 아래로 축 늘어져 있는 귀가 가장 큰 특징이에요. 하지만 처진 귀 때문에 염증이 자주 생겨서, 귀 청소를 해 주는 것이 중요해요.

★정브르의 생물 탐구★

생물 이름 : 스컹크

족제빗과의 스컹크는 주로 단독 생활을 하며, 나무 구멍이나 땅굴에 둥지를 만들고 생활해요. 위험이 감지되면 고약한 냄새가 나는 노란색 액체를 발사해서 위험으로부터 몸을 보호해요.

6화 아르마딜로갑옷 도마뱀을 만나다!

아르마딜로갑옷도마뱀의 사육장을 만들어 볼게요! 가장 먼저 바닥재로 황토를 깔아 줬어요.

숨는 걸 굉장히 좋아하기 때문에 숨을 공간을 많이 만들어 줄 거예요.

스윽

바위가 많은 곳에서 살아가는 친구들이어서 돌과 황토로 꾸며 주는 게 좋아요.

아늑한 공간으로 배치

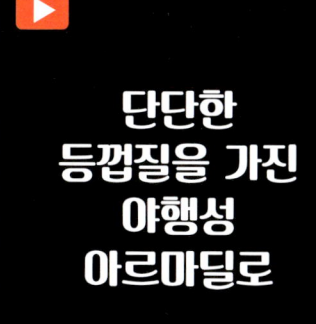

단단한 등껍질을 가진 야행성 아르마딜로

오늘은 어떤 친구들을 만날 수 있을까요?

두근 두근

두 둥

스크리밍 헤어리 아르마딜로

안녕?

브린이를 위한 상식

딱딱한 등딱지를 가진 아르마딜로는 공처럼 몸을 동그랗게 마는 능력이 있어요. 새끼 때는 등딱지가 부드럽지만 성장하면서 등딱지가 굉장히 딱딱해져서 천적으로부터 몸을 보호할 때 유용하게 활용돼요.

꿀 꿀 꿀

신기한 소리를 내는 친구예요.

내려 줘!

추욱

자다 일어나서 기분이 안 좋아요.

졸려….

사람을 좋아하는 일본원숭이?

이곳에 일본원숭이가 있대요!

브린이를 위한 상식
일본원숭이는 일본에서만 사는 고유종 원숭이로, 얼굴과 엉덩이만 빨간 것이 특징이에요. 일본 온천에서 온천욕을 즐기는 원숭이로도 유명해요.

브르 삼촌, 안녕?

까까

나랑 놀아 줘!

끼끼

반가워요~.

브린이를 위한 상식
원숭이는 서로 털을 골라 주면서 친근감을 표시해요.
털에 붙은 먼지, 노폐물 등을 골라 주며 서로 교감을 나누지요.

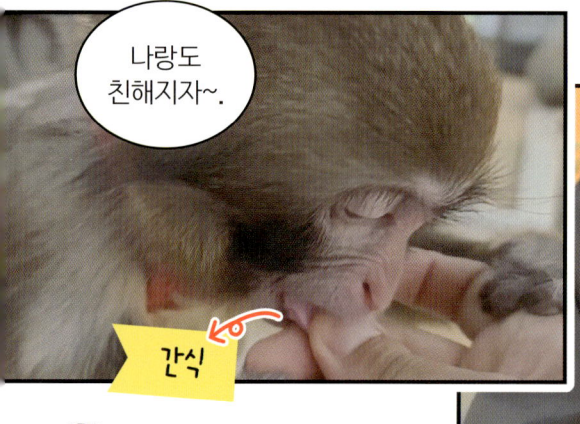

정브르의 생물 탐구

게는 단단하고 커다란 집게발을 가진 동물로 살아있는 생물뿐만 아니라 생물의 사체까지도 먹기 때문에 바다의 청소부라고 불리기도 해요.

★정브르의 생물 탐구★

생물 이름 : 소라게

소라게는 자신을 보호하기 위해 고둥의 껍데기에 들어가서 집처럼 사용해요. 껍데기보다 몸이 커지면 새로운 껍데기를 찾아 이동하기도 하지요. 껍데기가 없으면 수분이 말라서 금세 죽는다고 해요.

영상으로 확인해 봐요!

★정브르의 생물 탐구★

생물 이름 : 말똥게

우리나라에서도 발견되는 말똥게는 특이하게 울퉁불퉁하고 네모난 모양의 갑각을 가지고 있어요. 주로 민물에 가까운 바닷가에 서식하며, 구멍을 파고 살아가요.

영상으로 확인해 봐요!

브린이를 위한 상식

수달은 족제비처럼 몸과 꼬리가 긴 동물로, 족제비와 달리 주로 물에서 헤엄치면서 살아가요. 우리나라에서는 천연기념물 제330호로 지정하고 있으며, 멸종위기종으로도 지정하여 보호하고 있어요.

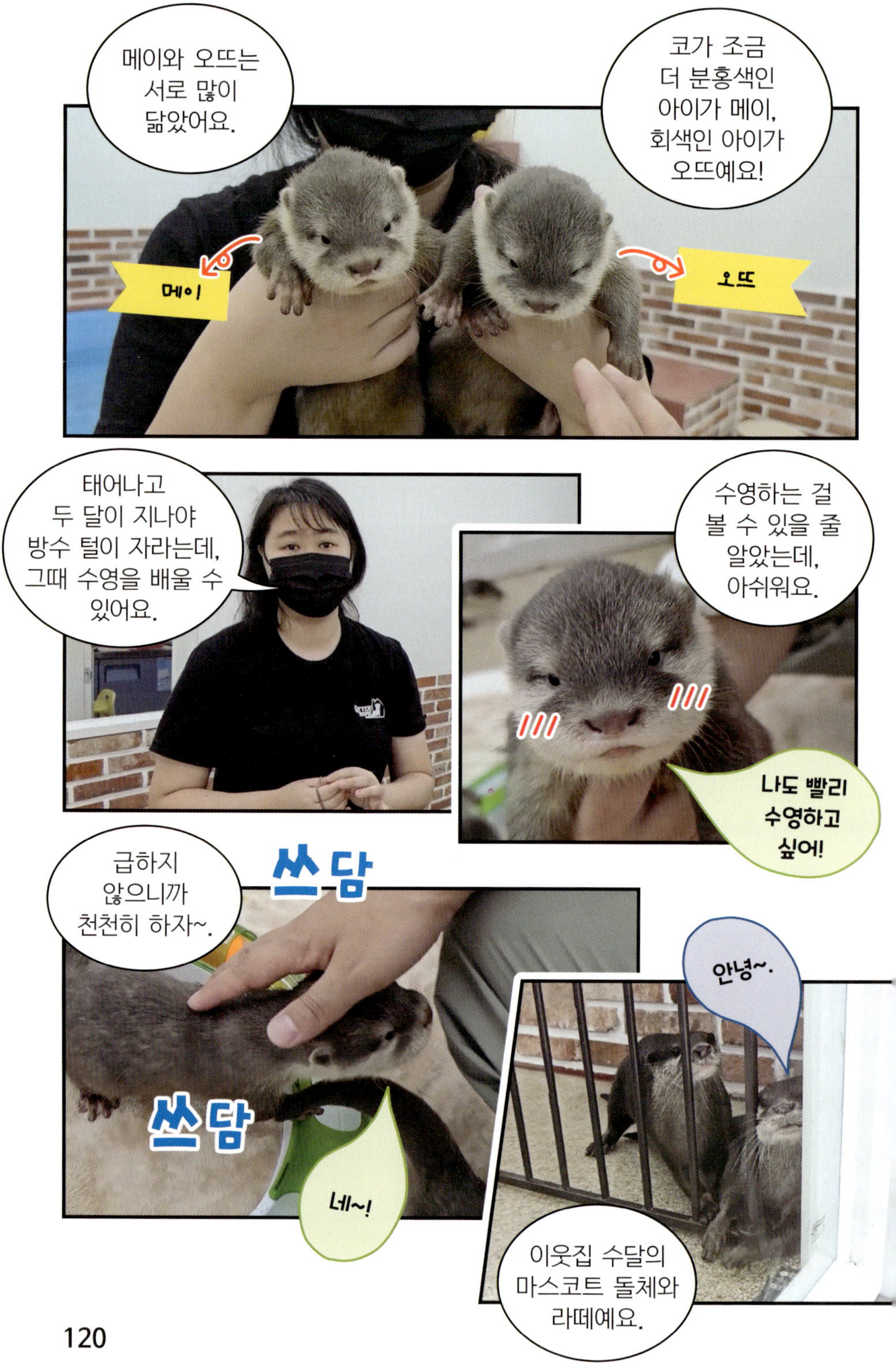

브린이를 위한 상식

수달은 같은 족제빗과의 포유류인 해달과 비슷하게 생겨서 자주 오해를 받곤 해요. 해달은 누워서 배영하듯 수영하지만, 수달은 머리만 물 밖으로 빼내서 수영한다는 차이점이 있어요.

수달은 주로 육식을 하지만 종종 채식을 하기도 해요.

곤히 잠든 새끼 수달들

수달은 멸종위기종이자 천연기념물로 보호받고 있어서 개인이 함부로 키울 수는 없어요.

음냐~.

귀여운 새끼 수달들을 만나서 행복한 시간이었어요~.

건강하게 무럭무럭 자라렴!

꼬옥

또 놀러 와!

안녕~?

이곳에는 새끼 염소도 있어요. 털이 아주 복슬복슬하네요.

맛… 있… 어….

꾸벅

꾸벅

햄스터가 졸면서 밥을 먹고 있네요.

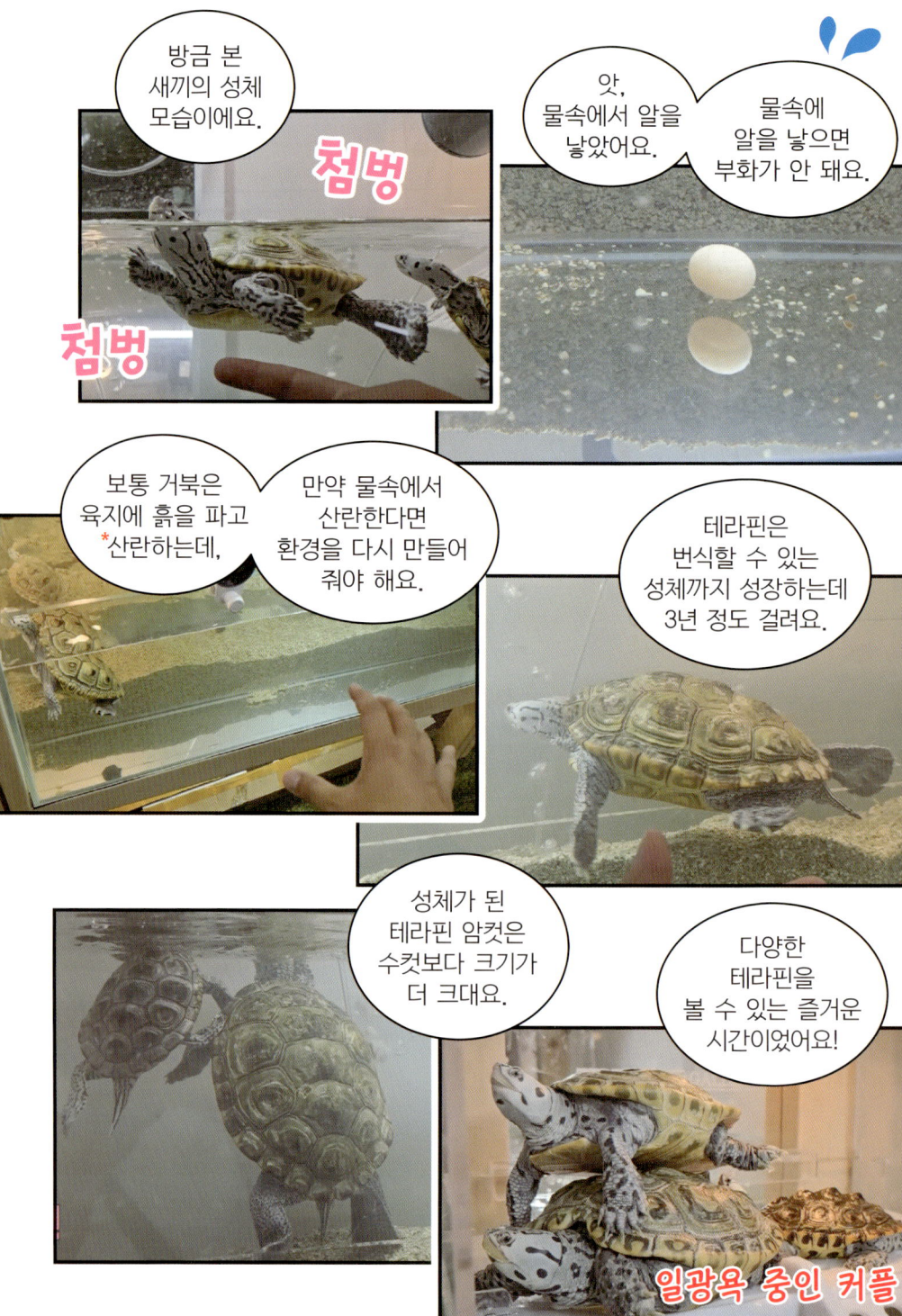

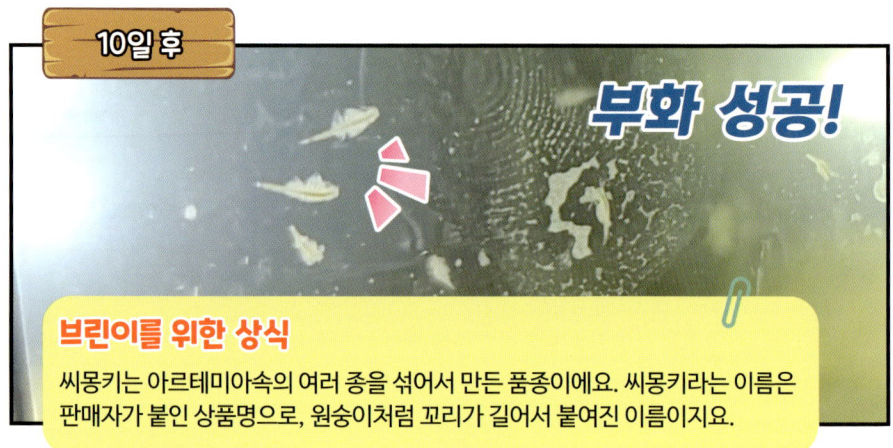

10일 후

부화 성공!

브린이를 위한 상식
씨몽키는 아르테미아속의 여러 종을 섞어서 만든 품종이에요. 씨몽키라는 이름은 판매자가 붙인 상품명으로, 원숭이처럼 꼬리가 길어서 붙여진 이름이지요.

태어난 직후엔 눈이 하나예요.

성장을 하면서 눈이 세 개가 돼요.

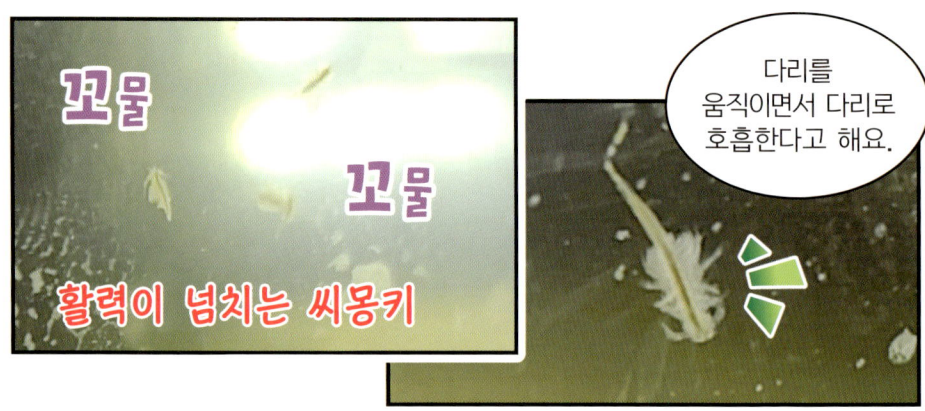

꼬물 꼬물

활력이 넘치는 씨몽키

다리를 움직이면서 다리로 호흡한다고 해요.

움직이면서 숨을 쉬다니 신기하네요.

집에서도 쉽게 키울 수 있는 씨몽키는 1960년대부터 판매를 시작했어요.

옛날부터 반려동물로 자리를 잡은 거죠.

신기하죠?

우리 키우기 엄청 쉬워!

이 친구들의 먹이는 녹조류예요.

이걸 한 스푼씩 넣어 주면 먹으러 올 거예요.

먹이를 먹기 위해 수면으로 올라왔네요.

꼬리가 원숭이처럼 길다고 해서,

바다의 원숭이라는 뜻의 '씨몽키'라고 지어졌다고 해요.

씨몽키의 진짜 이름은 '브라인슈림프'입니다.

홍학은 자라면서 깃털이 붉게 물드는 '플라밍고'라는 친구인데,

색깔이 변하는 이유 중 하나가 자연에 있는 브라인슈림프를 먹어서예요.

브린이를 위한 상식

홍학은 아스타신이라는 붉은 색소가 포함된 갑각류, 플랑크톤 등을 먹으며 살아가요. 홍학의 깃털이 붉은 이유도 이 붉은 색소가 홍학의 깃털 조직에 쌓였기 때문이지요.

홍학 또는 물고기가 이 친구들을 잡아먹으면,

조충이 그 몸 안에서 기생을 한다고 해요.

이렇게 작은 씨몽키도 자연 속에서는 엄청난 먹이가 된답니다.

우리 키워 볼래?

중요한 역할을 하는 씨몽키

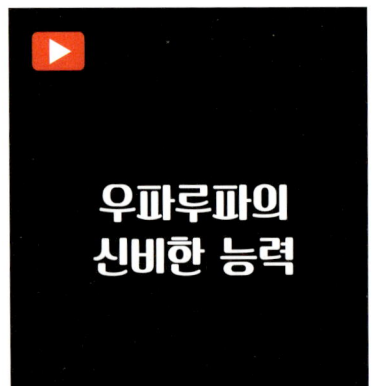

브린이를 위한 상식

아홀로틀은 잘리거나 손상된 신체를 재생하는 특이한 능력을 갖추고 있어요. 이와 비슷한 재생 능력을 갖춘 또 다른 동물로는 불가사리, 도마뱀 등이 있어요.

우파루파로 잘 알려진 아홀로틀은 신체 재생 능력이 있는 효소인 암브록스를 지니고 있어요.

덕분에 재생 능력이 굉장히 좋아서 사람에게 도움이 될 수 있도록 많은 실험이 이루어지고 있다고 합니다.

연구를 위해 수많은 우파루파들이 희생되었다고 하니, 가슴이 아프네요.

우파루파의 대표적인 서식지는 멕시코의 '소치밀코 호수'예요.

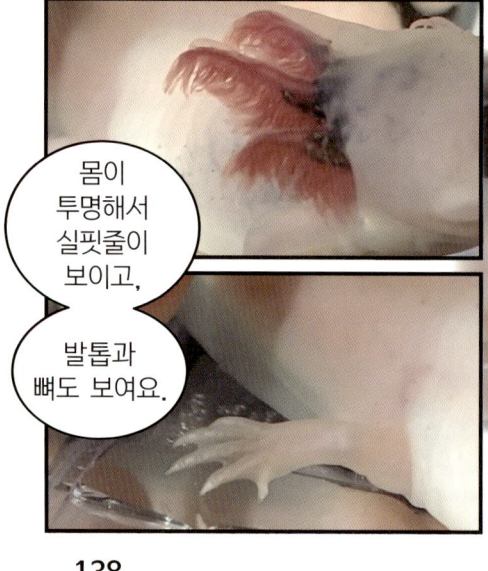
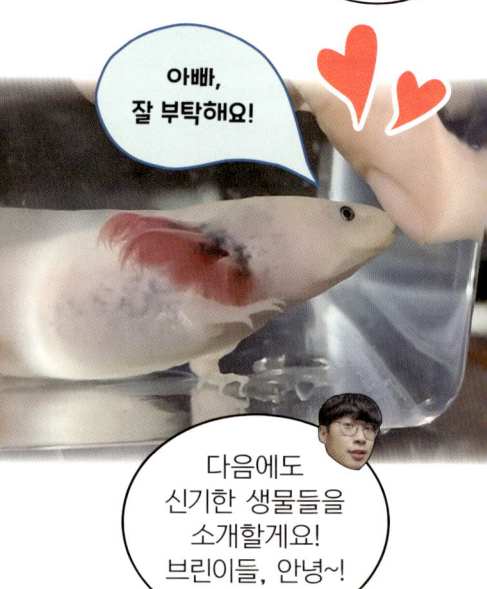

정브르의 생물 탐구

물고기, 새우, 가재 등 물에서 서식하는 생물을 키울 때는 어항을 깨끗하게 유지하는 게 중요해요. 또한, 생물을 건강하게 키우기 위해 여과기, 조명, 온도 조절기 등이 필요하지요.

★정브르의 생물 탐구

생물 이름 : 공작갯가재

공작처럼 화려한 색깔의 부채 꼬리를 가지고 있는 공작갯가재는 앞다리를 이용해서 조개처럼 단단한 껍데기가 있는 생물도 부셔 먹어요. 그만큼 앞다리를 뻗는 속도가 빠르고 강력하지요.

영상으로 확인해 봐요!

★정브르의 생물 탐구

생물 이름 : 베타

작은 강이나 연못에서 서식하는 베타는 여러 가지 색이 아름답게 어우러진 물고기로, 긴 지느러미와 약 5cm의 몸 크기를 가지고 있어요. 수컷이 암컷보다 더 화려한 지느러미를 가지고 있지요.

영상으로 확인해 봐요!

정답

30~31p

브로의 숨은 그림 찾기
꼭꼭 숨어 있는 그림 5개를 찾아보세요.

숨은 그림 5개
시계 머그컵 칫솔 만연필 오렌지

140~141p

브로의 미로 찾기
미로를 탈출해 도착지로 가요.

출발 / 도착

▶ YouTube 35만 구독자 귀염뽀짝 수달의 일상 이야기

안녕하세요?
이웃집수달입니다!

Chapter 1 뽀시래기 모카의 성장기

Chapter 2 모카, 토피 그리고 4남매

Chapter 3 포토 화보

©Ottershome. All Rights Reserved.

값 14,000원 문의 02-791-0752 서울문화사

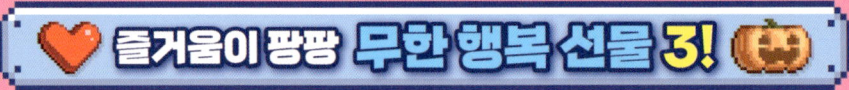

유튜브 인기 애니메이션

뚜식이

하하하하하!

엉뚱 발랄
뚜식이 뚜순이 남매의
웃음 폭탄 이야기!

하하하하하!

⚠️ 주의 ⚠️

미끄럼주의
책을 읽다가 너무 웃겨서 어깨춤이 절로 나와 **미끄러질 수 있음.**

빠짐주의
책을 읽고 뚜식이, 뚜순이의 매력에 빠지면 **다시는 못 나올 수 있음.**

뚜순주의
공공장소에서 책을 읽으며 큰 소리로 웃다가 **뚜순이에게 혼날 수 있음.**

ⓒ뚜식이. ⓒSANDBOX NETWORK.

구입문의 02-791-0708 (출판마케팅) 서울문화사

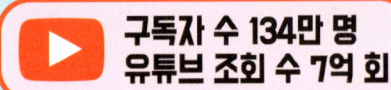

구독자 수 134만 명
유튜브 조회 수 7억 회

생물 크리에이터 정브르와
떠나는 신비로운 생물 탐험!

정브르 시리즈 각 권 13,000원

브린이들 하이!
브르랑 다양한
생물 탐험 출발!

ⓒ정브르, ⓒSANDBOX NETWORK

구입 문의 (02)791-0754 서울문화사